CAMUFLAJE Y DISFRAZ

Jason Cooper

Rourke™

www.rourkebooks.com

PHOTO CREDITS: All photos © Lynn M. Stone.

Title page: Arctic foxes wear white coats in winter. In summer they are brownish gray.

Editor: Robert Stengard-Olliges
Cover design by Nicola Stratford.
Translation by Dr. Arnhilda Badía

Cooper, Jason
Camuflaje y disfraz / Jason Cooper
ISBN 978-1-62717-250-9 (soft cover - Spanish)
ISBN 978-1-62717-443-5 (e-Book - Spanish)
ISBN 978-1-60044-170-7 (hard cover - English) (alk. paper)
ISBN 978-1-59515-532-0 (soft cover - English)
ISBN 978-1-60472-057-0 (Lap Book - English)
ISBN 978-1-60472-096-9 (e-Book - English)

Rourke Educational Media
Printed in the United States of America
01-1842311937

Contenido

Mantenerse vivos 4
Ocultarse 8
Los colores ayudan 10
Diferentes colores 14
Disfrazados 18
Glosario 23
Índice 24

Mantenerse vivos

Muchos animales se mantienen con vida ocultándose. Algunos animales se esconden para que no se los coman otros animales.

Durante parte del año, la comadreja caza camuflada en un pelaje marrón.

¡Algunos animales se ocultan para poder atrapar a otros animales! En invierno, la comadreja tiene un pelaje blanco para esconderse en la nieve.

Ocultarse

Muchos animales se ocultan sin ir a ningún lugar. Ellos no se esconden en un agujero. No huyen.

El pez piedra se oculta al parecerse al fondo del mar que lo rodea.

Estos animales permanecen en el lugar donde viven. ¡Como son difíciles de ver, es como si estuvieran escondidos!

Se mezclan con lo que los rodea. Sus colores se parecen mucho a los colores de las cosas alrededor de ellos.

Los colores ayudan

El **camuflaje** es la capacidad que tiene un animal de parecerse a las cosas que los rodean. Estos animales están camuflados.

¿Puedes encontrar al sapo de hojarasca entre las hojas?

Los colores del camuflaje son también llamados colores **crípticos**. Este geco tiene colores crípticos.

Diferentes colores

Una serpiente de cascabel cornuda es difícil de ver en la arena.

Las serpientes de colores variados son difíciles de ver entre las hojas. Una serpiente oculta puede capturar a los animalitos que no la ven.

Los colores de los animales con rayas parecen llamativos. Sin embargo, los animales con rayas son difíciles de ver en la hierba o en la selva.

Algunos camarones tienen el cuerpo **transparente**. ¡Son difíciles de ver en cualquier lugar!

Disfrazados

El **mimetismo** es otro tipo de camuflaje. Un animal **mimético** parece algo diferente de lo que es.

Este pulpo imita a un pez plano.

El palito viviente parece un palo, pero no lo es. El palito viviente es un insecto. El palito viviente mimetiza un palo o una rama.

¿Cuál de estos insectos es realmente una avispa?
(¡El insecto de arriba es una polilla!)

Glosario

camuflaje: colores o cubiertas que hace que los animales se parezcan a lo que lo rodean

críptico: colores o superficies que ayudan a un animal a ocultarse

mezclarse: ser parte de algo sin que se note

mimético: que parece o pretende ser una cosa distinta

mimetismo: capacidad de parecerse a otro

transparente: como el vidrio, se puede ver a través de él

Índice

color 9, 12, 15
duro 9, 14, 15, 16, 17
insecto 10, 20, 22
hojas 11, 20

LECTURAS ADICIONALES

Smith, Ian and Jennings, Terry. *Camouflage*. The Creative Company, 2004.
Woodward, John. *Clever Camouflage*. Heinemann, 2004.

Acerca del autor

Jason Cooper ha escrito muchos libros infantiles para Rourke Publishing acerca de tópicos variados. Cooper viaja a muchos lugares con la intención de recopilar información para sus libros.